ALEX SIMM

VOM EINSAMEN EMOEINHORN ERNA, DAS WIE ALLE SEIN WOLLTE

TRAURIGE BALLADEN

ILLUSTRIERT VON
CORA OTTÉ

SATYR
VERLAG

Über die Illustratorin:

CORA OTTÉ wurde in München geboren und erwarb dort ihr Diplom bei Professor Karel Fron. Ihre erste Ausstellung beschäftigte sich mit der Romantisierung von Insekten. Außerdem hat sie schon einmal ein richtig cooles Pferd gemalt. Aktuell lebt sie am Bodensee und ist freiberuflich als Illustratorin tätig.

2. Auflage Januar 2019

© Satyr Verlag Volker Surmann, Berlin 2018
www.satyr-verlag.de

Vorlage für Cover-Grafik: Cora Otté
Autorenfoto Umschlagklappe: Moritz Jendral
Druck und Bindung: CPI Books, Clausen & Bosse, Leck
Printed in Germany

Die Deutsche Nationalbibliothek verzeichnet diese Publikation in der Deutschen Nationalbibliografie; detaillierte bibliografische Daten sind im Internet abrufbar über: http://dnb.d-nb.de

Die Marke »Satyr Verlag« ist eingetragen auf den Verlagsgründer Peter Maassen.

ISBN: 978-3-947106-06-6

Inhalt

Vom einsamen Emoeinhorn Erna, das wie alle sein wollte

... nämlich *sparkling*

Untertitel: *I'm alive, I'm alive*

Tief im Wald, hinter dem Nebel,
wo kein Handymast mehr steht,
liegt ein Land versteckt in Träumen,
fern von der Realität.

Es ist ein Ort,
an dem zu jeder Zeit im Jahr
die Schäfchenwölkchen Rosa tragen
und die Edelsteingebirge stolz
in himmlische Türkise ragen.

Und im Tale?
Blumenwälder, Blütenkelche,
so weit das Feenauge reicht.
Dort! Ein vorwitziger Wicht,
der durch die Einstiegsreime schleicht.

Es ist ein Land,
wo Wiesel noch wild wieseln können,
Feenkinder Zwerge nerven
oder unter Purpurpilzen
Sternenstaubkonfetti werfen.

Es ist ein Land,
wo Gnomgefährten gerne gärtnern,
weil sie Wachstum knorke finden,
und sich Faune und Dryaden
um Dryadendamen rinden.

Wo Mauerblümchen Flieder flechten,
Schmetterlinge Lieder schmettern,
Spechte nicht auf Maden spechten,
sondern Madenbabys retten.

Ein Land,
wo Feenflügel höherschlagen,
Bienchen kleine Töpfchen tragen
und die Einhornmädchenscharen
sich in Regenbögen baden.

Kunterbuntes Farbenspiel,
das auf keinen Pinsel passt.
»Hier hat keiner Angst vor Kitsch!«,
ruft ein Wicht und fällt vom Ast.

Alles glitzert. Alles glänzt.
Alles funkelt irgendwann.
Doch im Einhornparadies
lebt eine, die nicht glitzern kann.

Wo alle Regenbögen kotzen,
kommt bei ihr nur grüner Brei.
Sie speit auch in hohem Bogen,
doch die Bröckchen in den Wogen
schmecken nicht nach Zauberei,
nicht nach Feenstaub und Honig,
sondern Wodka-O und Rüpelei.

Alle andern heißen Twinky,
Flauschischnute, Schnupsidupsi,
heißen Erdbeerflöckchen
oder Stubsiglitzipupsi.

Und wo diese Namen alle
nach Parfait mit Sahne klingen,
heißt das Emoeinhorn Erna. –
Das klingt mehr nach Zwiebelringen.

Schwarz der Leib und schwarz das Horn,
vorne Pony, hinten Mähne,
und im schwarzen Einhornhaar
nur eine dunkelblaue Strähne.

Karomusterschweißarmbändchen,
schwarze Chucks und Pali-Schal,
»Kill your Hello Kitty«-Buttons:
dunkler Klecks im Zaubertal.

Wenngleich auch alles um sie glänzt,
wenngleich die Regenbogenwelt
ekstatisch zu Rihanna danct, »*Shine bright like a diamond*«,
hört Erna *Tokio Hotel*.

Darum steht Erna meist   abseits,
mit ihren Freunden Gram und Sorge,
ist down und ritzt die Hufgelenke,
mampft Weingummi statt Lachertorte.

Doch das ganze Schmausen schweigt
nur tot, was Erna wirklich quält:
Aus Frust zu fressen, hilft dir nicht,
wenn es dir an Zuneigung fehlt.

Drum sagt sie eines Tages: »Heute!
Heute ist es mit der Trauer aus!
Ab heute will ich Drinks mit Schirmchen!
Happy Meal statt Leichenschmaus!«

In Disneypink färbt sie ihr Fell
und lässt sich ihr Einhorn polieren,
Zähne bleachen, zur Hufiküre, um
sich Strasssteine zu implantieren.

Und nennt sich Enya, weil sie meint,
dass Erna viel zu unwirsch klingt,
und 'ne Vuitton den Fluch zerbricht,
wenn sie am Ellenbogen schwingt.
Doch kläglich scheitert der Versuch, sich
anzupassen und zu sein –
wie alle sind.

Und unter Hohn, Spott und Gelächter
zieht Erna Horn und Schwanzschweif ein,
trabt von dannen mit gebeugtem
Kopf und bleibt erst recht allein.

So ist das dann der Tropfen, der
das Fass zum Überlaufen bringt,
das Einhorn an den Kühlschrank zwingt,
und dann folgt es dem Urinstinkt

und frisst, so viel es ihm gelingt,
um schnell den Kummer zu vergessen:
Denn nichts hilft besser gegen Leid,
als kühlschrankweise Eis zu essen.

Auf diese Weise fett gemästet,
wogt Erna durch das Glitzerland,
und während Einhorntussis lästern,
steht an einem Wegesrand:

ein Rudel Nashörner aus Wien,
die just in diesem Augenblick,
vom Tortenzuckerguss entzückt,
vif durch die Glitzerlande zieh'n.

Und als ihr Blick auf Erna fällt,
wird kurzum reagiert. Ein Tier
tritt vor und sagt ganz ohne Vor-
urteil in Wienerisch zu ihr:

»Ja, Frau Kollägin, was schaunst denn so malad',
des Läb'n ist zu schön, um fad zu säin,
und um die Zäit ist's grad zu schad'.
Ain jed'r mocht halt, wos er mag,
I main, mir san doch au Ainhörner,
nur mit a bisserl mehr Belag.«

Und so machen die Rhinozerosse
das Einhorn – schwupps – zum Artgenossen.
Das lebt nun unter Gleichgesinnten,
verbringt die Zeit mit awesome finden,

Kutschen schubsen, Touris scheuchen,
Herzblätter beim Walzer stören
und mit tortevollen Bäuchen
Falco oder Metal hören:
»*Rhinos everywhere, reach your horn into the air.*
We're warriors, warriors of the world.«

Und so auf *Manowar* getrimmt,
verpasst sie, was im Land geschieht,
das just in dieser dunklen Stunde
schlimm im Krieg darniederliegt,
als 'ne Trophäenjägerrunde
motiviert das Land durchzieht

und alles mit geübtem Hieb
enthornt, was nicht bei drei
den Baum erklimmt und flieht,
vor Gier, Kommerz und Raserei

und einer wild hetzenden Brut,
die alles Funkelnde zersägt,
mit Händen voller Einhornblut,
und säckeweise heimwärts trägt,

um Einhornhörner ungestört
für sich zu nutzen: für Dekadenz,
für Glitzer auf dem Glitzershirt
und Mittel gegen Impotenz.

So hat doch alles seinen Preis,
was heller glitzert, sieht man weit.

Und Erna, die inkognito
im grauen Nashornschwarm versteckt,
den Genozid knapp überlebt,
bleibt »still alive«, weil unentdeckt.

So steht das letzte Unique-horn,
allein und doch nicht einsam da,
denn hinter der, die anders war,
singt jetzt die ganze Nashornschar:

»Shine bright, tonight, you and I,
You're beautiful like diamonds in the sky ...«

Von der Schneeflocke Skrollan, die nicht an den Klimawandel glaubte

Hoch im Norden liegt ein Land,
geschnitzt aus Einsamkeit und Eis,
ein Land, in dem das Bier stets kühl ist,
und das grüne Gras ist weiß.

Tief in Klüften, zwischen Fjorden,
Gletschern, Klippen, schroffem Stein,
liegt ein Land sooooo weit im Norden,
dass manchmal nie die Sonne scheint.

Zwischen Weiß- und Nordmanntannen,
auf denen Schneeeichhörnchen frieren,
wo selbst benzingebor'ne Flammen
das letzte Fünkchen Glut verlieren,

weil es sooooo kalt ist, dass beim Pinkeln
der Strahl noch in der Luft gefriert
und als zu Eis geformter Bogen
schlicht die Flechtentundra ziert,

da ist ein Land, das sich in Stille
mit dem Himmelszelt vereint,
wo jeder Banker und Betriebsvorstand,
wenn er »Schnee« sagt, auch nur Schnee meint.

Wo motivierte Trottellummen
über weißen Weiten kreisen,
wo »Let it go« zur Hymne wurde,
weil alle Mädchen »Elsa« heißen.

Alle Jungen heißen Sören,
Gunnar, Lasse oder Torben,
kaum ein frisch geschlüpfter Fratz,
der nicht heißt wie ein IKEA-Schrankbausatz.

Der erste Schneefall ist im Mai.
Der letzte Schneefall im April.
Dazwischen ist es stets stockdunkel,
ungastlich und totenstill.

In diesem Land, wo unter Eis,
manchmal sogar die Zeit erstarrt,
dort lebt das Schneeflockmädchen Skrollan,
das hochgemut der Zukunft harrt.

Sie kennt ihr Alter, und obwohl
sie eine von drei Schwestern ist,
wehrt sie sich vehement dagegen,
dass sie nur Schnee von gestern ist.

Denn Schnee ist nicht gleich Schnee,
so weiß der Universitätsstudent
vom Fachbereich Nivologie
aus Niederschlagsästhetik und
der Schneekristallgeometrie.

Es sind den Herren Professoren –
abhängig vom Wetterstand
und den entsprechenden Faktoren –
rund tausend Arten Schnee bekannt:

pulvrig, pappig, hart gefroren,
harschig, matschig oder nass,
je nachdem, wie laut er bricht,
ob er Firn wird oder nicht,

ob er zusammen mit Kollegen
eine Hanglawine gründet,
ob er die Kristallstruktur
mit einer anderen verbindet,

ob er rieselt, wie er fällt,
bis zu welchem Grad er taut,
ob er knirscht und knackt und ob
er zum Schneemannbauen taugt.

Doch über aller Theorie
zieht eine Wolke mit dem Wind;
und mit der Wolke zieht auch Skrollan:
ein ungebor'nes Winterkind.

Hin und wieder sieht sie Menschen
unten, die sehr aufgeregt
mit seltsamen Geräten messen,
wie sich das Eisbergschelf bewegt.

Da werden Rückschlüsse gezogen.
Veränderungen konstatiert.
Die Eis-Albedo-Relation
am direkten Objekt studiert.

»Was hat das alles zu bedeuten?«,
fragt sich Skrollan. Doch schon Stunden
später merkt sie – wie die Menschen –
seltsame Veränderungen.

Klare Schmelzwassergerinnsel,
die sich durch die Lande fräsen.
Landeispanzer, die zerbrechen,
hielt sie lang für'n Ammenmärchen.

Skrollan kennt die alten Storys.
Doch wer glaubte schon daran?
Dieser Leichtsinn galt als Luxus,
den man sich doch leisten kann!

Unkenrufer gab's doch immer,
die das Ende prophezeien
und behaupten, dass wir alle
Teil der Problematik seien.

Ja, Skrollan stammt aus einer Welt,
in der das »Große Schmelzen« nur
als Warngeschichte gilt, die man
den Ungezogenen erzählt:

Meeresspiegel, die sich heben.
Meeresströmungen, die steh'n.
Aufgetauter Permafrost.
Winter, die zu Ende geh'n.

Und wunderte sie sich darüber,
»Warum taute es im Mai?«,
versprach ein Mann mit blonden Haaren:
»Global warming is a lie.«

Hätt' sie ihm nicht glauben sollen?
Schließlich war er Präsident,
zudem sprach er aus jenem Kasten,
dem hier jeder Glauben schenkt.

Nun sieht sie stetig Pole schmelzen.
Täglich brechen Eisbergriesen.
Eisbärbabys, die in Panik
zu der Eisbärmama kriechen,

die sich selbst kaum halten kann.
Krrkkk! Da bricht die Scholle ein.
Erst verschwindet Eisbärmama,
dann die Kleinen hintendrein.

Doch noch bevor dem Schneeflockmädchen
das gesamte Ausmaß dämmert,
schiebt sich bitter mit Gewissheit
ein Gedanke vor und hämmert:

Jedes Leugnen dieses Wandels
heißt gesellschaftlich versagen,
zeigt die Hybris einer Menschheit
aus entmenscht bequemen Tagen.

Und während sie erkennt, dass sie
ein Teil ist von dem Klimagrauen,
ist es für sie längst zu spät,
denn sie beginnt bereits zu tauen.

Es ist ein seltsames Gefühl,
wenn deine Seele kondensiert
und sich im Niederschlag des Selbst
durch alle Phasen aggregiert.

Erinnerungen werden flüssig.
Schöne Tage sind gezählt.
Alles, was dich definierte,
fällt als Regen auf die Welt.

Und strömt mit tausend andren weiter,
denen es nicht anders geht,
zieht vorbei an Ländern, wo das
Wasser bis zum Halse steht.

Weiter südlich, immer weiter
trägt der Strom die Wassermassen,
quer durch alle Ozeane,
die sich nicht mehr fassen lassen.

Alles stürmt und wühlt und brandet.
Alle Küsten brechen ein.
Skrollan rauscht mit allen Fluten
über Stock und Tier und Stein,

über alles, was sich diesen
Kräften nicht sogleich entzieht.
Wer nicht schwimmt, der stirbt erbärmlich.
»Blubb, blubb«, bleibt vom Klagelied

von jedem, der den Klimawandel
für ein Ammenmärchen hält.
Skrollans Reise führt sie weit
und unaufhaltsam durch die Welt:

sieht Indien, sieht Bangladesch,
sieht Straßenschluchten in Shanghai.
Viele tote Kinderkörper
treiben stumm an ihr vorbei.

Einhundertmillionen Menschen
auf der Flucht vor der Natur.
Krankheitsüberträger feiern.
Seuchen haben Konjunktur.

Wer das Wasser überlebt, der
stirbt mit Sicherheit am Hunger,
der schon an der Ecke lauert
und sich gierig zwischen nackte,
aufgeblähte Mägen kauert.

Dämme brechen, Flüsse schwellen.
Alles wird vereint im Meer.
Länder, deren Diktatoren
sich bekriegten, sind nicht mehr.

Keine Armut, keinen Reichtum.
Alles wird vereint im Meer.
Irgendwann kehrt Ruhe ein.
Die Menschheit weg, die Erde leer.

Skrollan ist ein wenig schummrig
von der wilden Reiserei.
Atmet einmal, sieht sich um:
Neben ihr treibt Schrott vorbei,

doch ansonsten ist da nichts.
Nirgends Leben, keine Städte,
nichts, was man als Schneeflockmädchen
weihnachts zu verschönern hätte.

Alles eine weite Ödnis.
Da wird ihr entsetzlich klar,
dass sie auch Teil von alledem,
ein Teil der Katastrophe war.

Ein scheinbar einflussloses Rad
im großen Klimaräderwerk.
Doch Schuld gehört zur Ignoranz
wie tiefes Tal zum hohen Berg.

Was lehrt uns diese Dystopie?
Die Menschheit hat noch Galgenfrist.
Damit der Schnee von gestern nicht
der Untergang von morgen ist.

Vom lieben schwäbischen Schwan Swantje, der einmal ungezogen war

Kaum eine Welle schwappt an Land.
Der See liegt glatt und friedlich da.
Das Schilf wiegt sich im Abendwind.
Ein Möwenkind schreit nach »Mama«.

Die Segelschiffe schlummern fest.
Das Tagewerk ist längst vollbracht.
Der Mond lugt aus dem Wolkennest,
und in den Ästen hängt die Nacht.

In alle Dinge zieht die Stille.
Mücken mucken längst nicht mehr.
Alles steht und schläft und schweigt –
bis auf ein weißes Schwanenmeer,

das dort ganz nah am Ufer treibt,
die Schwanenhälse hochgestreckt,
wie Fäuste bei 'nem Rockkonzert.
Nur weiß. Ganz weiß und unbefleckt.

Und im Gefiederdurcheinander,
den Schnäbeln hier und Schnäbeln dort,
schwimmt Swantje schön brav mit der Strömung.
»Brav«, das ist ihr Lieblingswort.

Swantje ist kein schwarzer Schwan,
weder hässlich noch entstellt,
sie ist nur ein Schwanenmädchen,
so wie tausend auf der Welt.

Der Schnabel schief, doch ansehnlich,
der Hals gekrümmt und lang genug,
die Federn rein und ordentlich,
ein bisschen jung, ein bisschen klug.

Geboren tief im Schwabenländle,
kennt sie nichts als Disziplin,
und du kannst sicher sein,
wenn keiner einen Makel sieht – sie sieht ihn.

Sie wäre eine Zier der Art,
wäre da nicht ein Defizit,
das eine, das sie fehlbar macht,
denn Swantje ist ein Ordnungsfreak.

Ein Bürokratier,
ein Besserwisserschwan,
ein »Es gibt Gesetze hier,
drum halten wir uns dran.«

Denn … »*Reinlichkeit und Zucht und Ordnung,*
sind der Swantje Grund zum Glück.«
Absolute Sauberkeit und Ruhe –
ihr Weg zum Paradies zurück.

Während alle zwischen Algen
nach dem nächsten Futter gründeln,
will Swantje lieber Zeug verwalten,
will Swantje lieber Akten bündeln.

Sie listet, heftet, klammert, locht,
sie tipp-ext, stempelt und radiert,
sie, die streng auf Deadlines pocht,
sie, die Regeln definiert,

sie, die dort beamtengleich,
gesetzestreu am Schreibtisch sitzt,
sie wird zum Hecht im Karpfenteich,
wenn einer Heftklammern stibitzt.

Es ist beim Reißzweckensortieren,
als der Schwänin Übles schwant:
dass der Rest der Schwanenhorde
etwas Illegales plant.

Man will des Nachts ins Freischwimmbecken
des lokalen Hallenbads,
was laut Paragraf verboten
ist und damit ganz klar Missetat.

Schon haben erste Entenvögel
die Grenzpfosten vom Bad passiert,
doch mit erhob'ner Zeigefeder
paddelt Swantje couragiert

den Schwanenhälsen hinterher,
den Rüffel bereits auf dem Schnabel:
»Des isch verboten, illegal,
und högschtgradig inakzeptabel!«

Doch als sie unter ihren Federn
den Reiz des Illegalen spürt,
merkt sie, wie sie sich auf einmal
fremdartig doch freier fühlt.

Oh, wie plötzlich alles kribbelt!
Oh, wie plötzlich alles prickelt!
Oh, wie die ganze Welt erzittert
und ein Ekstasefreudensturm
sich in ihr emporgewittert.

Und eine nie gespürte Euphorie
steigt in ihr wie ein Fieber auf
und schüttelt sie, und sie nimmt prompt
Konfetti aus dem Locher raus

und wirft es jubelnd in die Menge,
schnappt den Tacker und schreit »YOLO«,
mischt sich mitten ins Gedränge,
startet einen Autokorso

und verliert sich federnschwenkend
im Gewühl der Schwanenschar;
alles taumelt, alles tanzt,
ein Möwenkind schreit »Hossassa!«.

Sie grölt und singt Mallorca-Lieder,
schnäbelt fremde Schwäne an,
Swantje kotzt sich ins Gefieder,
aber stört sich nicht daran.

Und so führt sie die Partycrew
von Überschwang zu Überschwang
und denkt nicht mehr an Nachtruhe,
sondern verswagt den Schwanensang.

So geht das bis zum Morgengrauen,
und gegen jedes Stück Moral
ergibt sich Swantje den Gefühlen
und eskaliert einfach – total.

Doch noch bevor die Sonne steigt,
bevor die Wolken lila sind,
ist längst die Schwanenbande fort,
nur ein verirrtes Möwenkind

kreist um die ersten Badegäste.
Doch Swantje scheint der Welt entrückt,
sie zehrt noch lang vom Schwanenfeste,
ist leicht beschämt, doch schwer beglückt

und denkt sich, als die ersten Strahlen
ihr Gefieder gülden malen
und sie die letzten Kotzebrocken
aus dem Schwanenkleide wäscht,
noch leicht berauscht und leicht erschrocken:
»Des war des allerbeschte – Fescht!«

Und fühlt sich ungewohnt und
vielleicht ein klein bisschen ertappt,
doch keiner hat die Schmach bemerkt,
da hat sie noch mal Schwan gehabt.

Du gutes Tier, drum denk daran:
Gesetze sind Gesetze nur
und manchmal wider die Natur,
wer es vermag, halte sich dran,
wer nicht, der nicht,
und bleib sonst du: mein lieber Schwan.

Von der Oktopodin Kassandra, der niemand glauben wollte

Untertitel: Die weibliche Form von Oktopus ist ...
Oktopodin

Es steht ein Riffaquarium
in einem Zoo am Rand der Stadt,
fern vom Starbucks, fern vom Zentrum,
wo's nicht mal einen Karstadt hat.

Doch wer die Eingangstür passiert,
taucht ein in eine fremde Welt,
die den Mensch ein Stück entrückt
und dem Touristenherz gefällt:

neonbunte Gegenstände,
Wellenschlag im Kunststoffgras.
Spuren kleiner Kinderhände
an dem frisch geputzten Glas.

Und zwischen Plastikalgenwäldern,
Salzwasser und Dekosteinchen,
Schatztruhen auf Kieselfeldern
lebt ein Oktopodenweibchen.

»Kassandra« steht dort auf dem Schild,
das Gattung, Art und Typ bestimmt
und jedem Kind, das fragt, erklärt,
was dort vor ihm im Wasser schwimmt.

So huscht aus dem Piratenwrack
ein Oktopus in voller Pracht
mit Saugnäpfen und Tintensack,
Gehirnen neun und Armen acht.

In Beige? Nein! Blau? Nein! Braun? Nein! Grau?
Korallenrot? Nein! Seetanggrün
erscheint die Oktopodenfrau
in ständig wechselndem Kostüm.

Draußen Lachen. Drinnen Stille.
Und das Glas, es spiegelt matt,
mischt den Blick der Oktopodin
mit dem Zoogast dieser Stadt.

Ein unergründliches Geschöpf,
das dauerhaft im Werden ist,
so voller Schönheit, Reiz und Kraft,
dass nie ein Auge es vergisst.

Ein solcher Liebreiz dringt sogar
ins lang versunkene R'lyeh
zum Krakengott, der kommt sofort
und auf die lüsterne Idee:

»Kassandra, Mädchen, du bist nice!
Ich mag, wie du geschaffen bist.
Nimm diese Gabe als Beweis,
dass mein Interesse ernsthaft ist.«

So spricht der alte Krakengott,
und um das Mädchen anzugraben,
beschenkt er »seine« Oktopodin
mit der Gabe weiszusagen.

Da erhebt sich lautes Tosen,
und tornadogleich entsteht
ein Trichterwirbel, in dem sich
das ganze Universum dreht.

Und alle Taten, alle Dinge,
alles, was dereinst geschieht,
zwängt sich schnell vorbei am
Oktopodenaugenlid.

»Mögest du stets alles wissen,
was die Zukunft allen bringt,
nutze diese Gabe weise,
liebes Oktopodenkind«,

spricht der Gott und transzendiert.
Doch Kassandra weiß fortan,
wer den nächsten Krieg verliert
und wer ihn noch verhindern kann.

So viel Bürde, so viel Wissen
fordern viel Verantwortung
und neben den Gewissensbissen
oft auch Selbstaufopferung.

Zur Übung weissagt sie deshalb
das Fußballspielergebnis vom
Match des Teams der Münchner Bayern
gegen Sporting Lissabon.

Und weil das Volk das lustig findet,
lässt es sie nicht mehr in Ruh:
So tippt sie EM, WM, Bundesliga
und die Champions League dazu.

Sie sieht den Sieg von Spanien.
Sie prophezeit selbst Portugal.
Sieht Deutschlands Aus in Afrika,
ist Special Guest im Sportjournal.

Der Krakengott sieht mit Entzücken,
wie der Ruhm sie lächeln lässt.
Alle Welt liegt ihr zu Füßen.
Jeder Tag ein Freudenfest.

Drum kommt er voller Hoffnung wieder,
um sie endlich klarzumachen.
Doch über seine Flirtversuche
    »Du bist so nice, ich will dich gleich.«
kann Kassandra nur müd' lachen.

So droht er: »Schatzi, wähle klug …«
Doch Kassandra bleibt dabei.
Für den Krakengott gibt es
weder Kuss noch Liebelei.

Noch nie hat eine Frau gewagt,
ihn einfach so zurückzuweisen.
Tief gekränkt schreit er vor Wut:
»Mädchen! Dieses sei dein Preis denn!

Möge niemand dir je glauben,
ganz egal, was du auch tust,
und mit diesen meinen Zeilen,
seist du offiziell VERFLUCHT!

Stattdessen soll das Volk nur glauben,
was in Bild und Co. so steht,
wer der Bösewicht im Land ist
und wen man am besten wählt.«

Zu Anfang noch von ihr belächelt,
zeigt sich bald der Fluch, der heißt:
Niemand hört auf deine Warnung,
auch wenn du es besser weißt.

Sie sieht Schurkenstaaten, die sowohl
den Freunden als auch Feinden dienen,
sieht das Nestlé-Monopol
und den Tod der Honigbienen.

Sieht den Wandel unsres Klimas,
prophezeit gar Griechenland,
sieht das Los von Fukushima,
AfD und Donald Trump.

Tsunamis und Vulkanausbrüche,
Kriegsgewinner, Kriegsverlierer,
sie sieht Sprengstoffattentate.
Prophezeit auch Justin Bieber,

sieht das Tauen beider Pole,
wer das Dschungelcamp gewinnt,
sieht den Fall der Menschlichkeit
und sieht das letzte Menschenkind.

Doch keiner hört Kassandra zu,
die schon langsam resigniert.
Keiner, der die Zeichen deutet.
Keiner, den es interessiert.

Alle hören nur auf jene,
die die Ängste in uns schür'n.
Wer uns mit Krawall verköstigt,
sich am schwachen Mensch belustigt,
hat es leicht, uns zu verführ'n.

Auf diese Weise angefacht
gewinnt die Massenjournaille
Zulauf bei der Leserschaft
und neue Credibility.

Dummheit hilflos zu ertragen,
ist, woran Kassandra leidet.
Wahnsinn ist ein scharfer Dolch, der
glühend durch die Hoffnung schneidet.

Draußen Lachen. Drinnen Stille.
Und das Glas, es spiegelt matt,
mischt den Blick der Meersibylle
mit dem Zoogast dieser Stadt,

der gedankenlos davorsteht
und nicht mal im Ansatz ahnt,
welche düstere Vision sich
roh den Weg nach oben bahnt.

Wie ein unbedingter Wille
sich von dunklem Grund erhebt,
durch die Pforte der Pupille
unbändig nach draußen strebt.

Und mit allerletzter Kraft
hämmert sie auf das Acryl.
»Will denn keiner etwas tun?
Hat denn keiner das Gefühl,

dass noch Zeit zum Handeln ist?
Wir müssen unsre Kräfte bündeln,
Nichtigkeiten ruhen lassen,
um das Schlimmste zu verhindern!«

Doch das ganze Volk folgt weiter
dem, was in der Zeitung steht.
Denn wer glaubt schon einem Kraken,
wenn es nicht um Fußball geht?

So degradieren Ignoranz
und eigene Resignation
die alte Seherin der Herzen
zur Touristenattraktion.

Man sieht sie seither oft, wie sie
mal hier, mal da herumtentakelt,
hin und wieder manisch lacht
und still vor sich dahinorakelt.

Unbemerkt vom Rest der Welt,
der weiterhin im Trüben fischt
und alles schluckt, was man serviert,
solang man es nur hübsch auftischt.

Faulheit ist der Tod der Wahrheit,
Dummheit Klytaimnestras Dolch.
Glauben wächst aus Angst und Zweifel.
Jeder Lügner bleibt ein Strolch.

Hinter Glas verklingen Klagen
und der Weisheit letzter Schluss:
Mach die Ohren auf, und höre!
Ewig warnt der Oktopus.

Vom adipösen Walross Carlos, das Germany's Next Topmodel werden wollte

Der Carlos, der war ein Geschöpf dieser Welt,
wie Tausende andere auch.
Ein Teenagerwalross mit lockigem Schopf
und vom Wohlstand geschwängertem Bauch.

Ein mausefellgraues und robbiges Tier,
das gar nichts vom Catwalking wusste,
das Schnurrhaare hemmungslos lang wachsen ließ
und sich niemals den Brauensaum zupfte.

Die Zähne, die waren zwei Pfähle, so grün,
als hätte der Tang sie bewachsen.
Die Schnauze war dick, und das vierfache Kinn
hing runter bis über die Achseln.

Von Zahnprophylaxe war niemals die Rede,
genauso vom Ohrenausputzen,
weder von Detox noch von Bodypflege,
vom Peelinggel nicht und vom Rundbürstennutzen.

Drum fehlte der Touch von Brillanz und Volumen
in seiner sonst lockenden Pracht.
Dafür aber hatte er dieses im Leib,
die Maße so grob:
zweihundert – zweihundert – zehn.
Ja, sein BMI betrug einhundertacht.

Die Speckröllchen waren für ihn essenziell.
Er schiss auf den Bodyshame-Trend.
»Adipös« war doch auch nur ein Wort,
das Carlos noch nicht einmal kennt.

Und doch eines Tages geschah es, es war
vermutlich ein Dienstag im Mai:
Der Alltag, der Carlos kurz deprimiert grüßte,
war dröge und instagramfrei.

Er sah auf dem Flatscreen, dem einzigen Stolz
des Vaters, den Aufruf von *ihr*.
Von Heidi, der einen, die jedermann kannte,
zumindest mal jeder von hier.

»ProSieben macht wieder 'ne Casting-Tournee.
Demnächst auch bei dir! Und ›bei dir‹ heißt bei *jedem*!
Stets auf der Suche nach neuem Talent.
Denn du bist ein GNTM!«,

so sprach es, das Model vom Modelolymp,
und zwinkerte Carlos frech zu.
Und der wusste gleich, was das Zwinkern bedeutet,
und meldete sich bei der Crew.

Direkt neben Aldi, im Kaufhausfoyer,
verschacherte man all die kindlichen Seelen,
die sich für den einzigen Traum, der noch blieb,
auf gierigen Laufstegen quälten.

Genau an der Stelle, an der Carlos sonst,
zufrieden das Essen heimtrug,
erkannt' er die große, die *einzige* Chance,
doch leider halt nicht den Betrug.

Zu spät. Schon erhob sich aus Hoffnung ein Traum,
den Hammer ergreifend, alleiniger Schmied
des Glückes. Nur einmal im Leben, da wollte
er mehr sein als Walfängernotprotein.

Er wollte das nicht. Er wollte stattdessen
den Lonely Planeten bereisen,
er wollte den Strand in Los Angeles sehen
und sich einmal im Leben beweisen.

Nicht mehr Grau, nicht mehr Grönland!
Gimme more Glamour, and gimme more Glitter,
and gimme more Blitzlichtgewitter!
Er wollte im Rampenlichtlampenschein
und auf allen Catwalks der mondänen Welt –
im Grunde nur irgendwo –
zu Hause sein.

Er wollte ... Da ging das Licht plötzlich an,
und Carlos, der catwalkte los.
Keinen Gedanken. Er, eins mit dem Laufsteg,
griff mutig nach dem Chancenlos.

»Ganz gut«, judged die Jury, »und du bist dabei.
Freust du dich? Gut. Blabla. Komm mal her.«
Ein Bussichen links und ein Bussichen rechts.
»Dein Bild hier. Das war's. Und Nächster!«

Und schneller, als Carlos selbst realisierte,
was da grade mit ihm geschah,
hielt er schon Flossen in Kameralinsen
und smilte, sodass die Welt sah,

wie weit eine Hoffnung zu tragen versteht.
Er lernte das Laufen, das Shooten und Stylen,
zog in eine Villa voll Möchtegernmodels
und musste am Catwalken feilen.

Er heulte nicht einmal beim Umstyling und
ließ sich die Locken brav glätten.
Er ließ sich mit Tanningspray tannen und waxen,
um sich später die Knie zu gilletten.

Schnell noch ein Selfie für Fans aus New York.
Und immer die Cosmo im Blick.
Casting und Casting und Fashion Week Walks.
Und Challenge um Challenge zum Glück.

Und einmal am Ende von jeder Show hieß es:
Entscheidungsantreten vor Richterin Klum.
Und alle Topmodels, die liefen gerade.
Nur Carlos, der robbte – krumm.

Und doch erhielt Carlos am Ende der Sendung
ein Foto mit seinem Gesicht:
Seine Performance sei schlicht unvergleichbar.
Er sei halt ein Typ. Sicherlich.
Das möge der Kunde,
trotz einiger Pfunde
zu viel. Das störe hier nicht.

Schnitt. Rückblende:
Die Kamerafahrt zeigt das Treibeis der Arktis,
gemächlicher Zoom auf ein Elternhaus, das
in früheren Zeiten aus Eintracht bestand, bis
alles auf einmal zu bröckeln begann, was

man Carlos als Zuschauer von Herzen wünscht,
doch nahe der Tschuktschensee kam es zum Drama.
Der Vater seit Jahren betrunken, die Schwester
studierte im Ausland, nur Carlos war da.

Und nun ist auch er fort, im Dienst seiner Träume.
Die Mutter wünscht ihm alles Gute und bleibt
zurück zwischen Ölteppich und Plastikflaschen.
Musik setzt ein, Zoom-in auf Carlos, der weint.

Schnitt.
Und wieder in Tokio, Mailand, Paris.
In Thailand ein bissi im Beachoutfit shooten.
Dann schnell noch ein Foto auf Instagram posten
und mit einem Gastmodel knutschen.

Und einmal am Ende von jeder Show hieß es:
Entscheidungsantreten vor Richterin Klum.
Und alle Topmodels, die stöckeln gerade.
Nur Carlos fällt um.

Am Ende des Urteils stand diesmal ein Punkt,
der das Lamentieren beschloss.
Da waren sich alle drei endlich mal einig:
»You walk just ... just like a walross.«

Und grüngraue Stoßzähne wären speziell.
Man suche hier schon das gesamte Paket.
Da fehle zum einen die Einstellung und
zum andern die Beachoutfitshape.

Doch nie sprach hier einer ein Wort von Diät,
man nannte es »functional food«.
Und Abnehmen thematisierte man nicht,
weil man das hier einfach nicht tut.

Es ginge doch nur um Ernährungsberatung
und um das Gesamtwohlbefinden.
»But darling, it's never too late for diät!
Es zeugt von Charakter, den Körper zu schinden.«

Das wäre nun einmal die Ware: das Leben.
Hier gäbe es halt nichts geschenkt.
Denn niemand hänge ein Bild an die Wand,
das den gängigen Wunschrahmen sprengt.

Und Carlos nahm sich das zu Herzen und fing
sofort mit dem Abspecken an.
Er joggte und robbte, und wenn er mal kochte,
dann nur noch Salat und vegan.

Doch täglich acht Stunden im Gym zu workouten
und sich bis ans Limit zu quälen
und Samstag und Sonntag im Gym zu workouten
und die Kalorien zu zählen

und sich dazu auch noch low carb zu ernähren
und immer schön ballaststoffreich,
das war ihm zu viel. Ja, vor allem im Ozean!
Das ist halt auch nicht wirklich leicht!

Zuletzt hatte Carlos ein Date mit dem Zahnarzt,
auf »zwanglosen« Ratschlag der Klum.
Der sägte wie wild an den Stoßzähnen, und
er legte sie fachmännisch um.

Und einmal am Ende von jeder Show hieß es:
Entscheidungsantreten vor Richterin Klum.
Und alle Topmodels marschierten gerade.
Nur Carlos nicht.

»Ihr hattet 'ne schwierige Woche, ich weiß«,
ließ jemand die Modelqueen sagen.
»Und dennoch erhält ja nur einer den Preis.«
Die Spannung war greifbar und kaum zu ertragen.

»Und wenn ich nur könnte, ich würde euch allen ...«
Doch schlagartig räusperte die Quote sich.
»Carlos!« – Unendliche Pause, Musiktropfen fallen –
»Ich habe kein Foto für dich.«

Und noch in den Armen des glücklichen Rests
kullerten Tränen aus Augen,
fielen zu Boden und ließen das Walross
verzweifelnd nicht mehr an sich glauben.

Vom Schicksal geschlagen. Es war
vermutlich ein Dienstag im Mai.
Da waren die Wünsche, die einzigen Chancen
und all seine Träume vorbei.

Die Mutter enttäuscht und der Vater betrunken.
Und Carlos zerbrochen, trotz Glitter im Haar.
Und robbte so, tief in Gedanken versunken,
nach Hause, das niemals ein Zuhause war.

Vom Fehlschlag frustriert und von Selbstzweifeln blind
bemerkte er nicht: Man hat ihn verfolgt,
und so haben ihn dann zwei Elfenbeinjäger
zurück auf den Boden des Daseins geholt.

Mit dreihundert sehr festen Stahlstangenschlägen
haben sie Tierchen und Träumchen zerlegt
und aus den gebleacht weißen Stoßzahnstumpfresten
todschicke Halszier und Armschmuck gesägt.

Und auf diese Weise kam durch diesen Unfall
doch ungeahnt alles noch zum Happy End.
Carlos ist nun auf den Catwalks der Welt,
auch wenn man ihn dort nicht erkennt.

Denn statt in Gestalt der erfolgreichen Robbe,
anstatt als der Mutter genügendem Sohn
läuft er auf dem Laufsteg, der alles bedeutet,
als todschicke Elfenbeinkollektion.

Vom Sündenbock Lennox, der anderster als die anderen war

Untertitel: Immer auf die kleinen Dicken mit Schnurrbart

Tief inmitten einer Wüste,
irgendeiner, irgendwo,
wo morgens stets die Sonne grüßte
und zum Abend ebenso,

bestand seit alters her ein Ort,
an dem schon an vergang'nen Tagen,
als Google noch Papyrus hieß, die
Pharaonen rare Handels-
warenkarawanen sahen,

wo die Bewohner Schatten schätzten,
wo weder Floh noch Wüstensohn
noch Dünenfuchs und Skorpion
auch nur ein Bein ins Ödland setzten,

wo keiner deine Bilder likte,
nicht weil es nicht interessierte
oder weil man sich nicht zeigte,
sondern
weil Facebook hier nicht existierte.

In diesem kargen Wüstentale
graste auf verdorrter Erde
neben einer Bartagame
eine unscheinbare Herde Sündenböcke!

Der Sündenbock ist ein Geschöpf,
das einst der Mensch erfand,
indem er diesem armen Tier
sein Scheitern auf den Rücken band

und es dann Richtung Wüste schickte.
Gemäß dem Motto: Besser weg!
Verscharr, was dich bedrückt,
tief unter Wüstensand und Dreck.

Doch trotz konstanten Wassermangels,
wüsten Stürmen und Inzest,
survivten sie ganz knapp am Limit
und bissen sich im Leben fest.

Doch da die Menschheit immer sündigt,
kamen täglich neue Tiere,
und mit ihnen stiegen stündlich
alte Ängste. Und Reviere,

die seit Jahren sicher schienen,
wurden plötzlich überrannt
von Vertriebenen aus Ländern,
die kein Bock bisher gekannt.

So spitzte sich die Lage zu,
bis dann geschah, was keiner dachte,
als eines Tages einer ankam,
der das Fass zum Bersten brachte.

Lennox hieß der Neuankömmling
und trug 'nen Oberlippenbart,
nicht aus religiösen Gründen,
sondern weil er Hipster war.

Doch statt entspannt zu reagieren,
fühlte man sich jetzt bedroht,
und wechselseitig hochgepeitscht
sah man in blanker Panik rot.

Bis man schließlich mit Plakaten
und vom Grund gepflügten Steinen
auf den Hauptstadthauptplatz zog,
um für Rechte einzutreten: Recht für seinen
angestammten Platz und für
ein Einreiseverbot!

»Schluss jetzt mit der ungehemmten
Sündenbockzuwanderung!«,
schrie laut ein Unschuldslamm von hinten.
Jemand blökte Zustimmung

aus der braunen Krisenherde,
die sich um den Unglücksraben
scharte und die Volksbeschwerde
diesem armen Prügelknaben

in die von den Weltvorgaben
abgetrag'nen Schuhe schob,
die viel zu oft und zu salopp
missachtet werden. Schwuppdiwupp!
Aus einer Herde wurd' ein Mob.

Bei der Wahl der Zielobjekte
galt die alte Mobbinglist:
Willst du nicht selbst das Opfer sein,
dann nimm dir den, der anders ist.

Nicht dass er das nicht gewohnt sei,
widersprach der Watschenmann,
schließlich wär' er einzigartig,
was nicht jedes Unschuldslamm
verstehen, geschweige denn im
Ernst von sich behaupten kann.

Aber nur weil er 'nen Schnurrbart trage,
das schien ihm schon sehr übertrieben ...
Und eine arme Bartagame
sah Gemüter sich verschieben,

wie aus angestauter Angst und Sühne
Abneigung und Zorn erwuchs
und hinter einer Düne dann
als Rassenhass zusammenschlug.

Sodass schon bald besorgte Böcke
zur Sicherheit die Hörner wetzten,
um Meinungen mit Stein und Stöcken
gegen alle durchzusetzen.

Und schon hörte man verkünden,
dass draußen tausend weit're stünden.
Vor den viel zu schwachen Toren.
Land und Leute wär'n verloren.

Plötzlich zeigten hundert Hufe
auf den neuen Störfaktor.
Und aus sturzbetrunk'nen Rufen
wurd' ein Kampfparolenchor:

»Sonne, Sand und Steine! – Meine! Meine! Meine!«
»Wer lauter schreit, hat immer recht!«
»Wir haben nichts gegen Fremde – solange sie von hier sind.«[1]

Und im Sündenbockgalopp
zwang man Lennox bis zur Schranke:
»Geh zurück, woher du stammst!«
Und er tat, was man verlangte.

So erhielt die Menschheit wieder,
was sie einst von sich getrennt,
einen Rücken voller Fremdenhass
und Angstressentiment[2].

Doch die zurückgeblieb'nen Tiere
blieben nicht lang ungeschoren,
denn aus Unzufriedenheit
ward weiter Neid und Angst geboren.

---

1 Frei nach »Asterix: Das Geschenk Cäsars«. Methusalix: »Ich habe nichts gegen Fremde, einige meiner besten Freunde sind Fremde, aber diese Fremden, die sind nicht von hier.«

2 Aus Unwissenheit wird dieses Wort hier Deutsch ausgesprochen.

Egal, ob Bartwuchs oder Augen,
das Geschlecht oder der Glauben,
solang das Andre existiert,
wird es auch eifrig ausradiert.

Es findet sich doch immer ein
Ausgrenzungskriterium,
und wo man »uns« in »wir« und »die« auftrennt,
da bringt man sich am Ende um.

So säumten zahllose Kadaver
bald das karge Wüstentale.
Kein Sündenbock war noch am Leben.
Einsam starb die Bartagame.

Das Andre macht uns Menschen Angst,
weil es das eig'ne, fremde Ich
im Augenglanz des Gegenübers
gleich einem klaren Spiegel bricht.

Es lebt sich einfach viel entspannter,
wenn man ein klares Feindbild hat.
Man fasst gern erst nach fremden Nasen,
bevor man an die eig'ne packt.

Was lehrt uns die Ballade von
dem Untergang des Sündenbocks?
Willst du einmal nicht schuldig sein,
dann findet sich schon ein Lennox.

Von der Gesellschaft Gertrud, die nicht mehr wachsen wollte

Untertitel: Wenn weniger mehr ist, dann ist nichts alles.

Zwischen Banken und Fabriken,
tief im Hochhauswald aus Glas,
wo die Uhren lauter ticken,
denn Zeit ist Geld und Geld das Maß,

dort, wo Mann und Frau in Sakkos
wichtig durcheinanderdrängen,
mit einer Hand am Puls der Zeit,
mit einem Ohr am Handy hängen,

dort, wo man in Hände spuckt,
wo man auf die Zähne beißt,
wo man Ärmel höher krempelt,
weil das Endziel »Wachstum« heißt,

stimmt man gern das hohe Lied an,
von Renditenprogression,
Anstieg, Zuwachs, Kapitalen,
Steigerung und Zusatzlohn.

Möge alles, was mal klein war,
wachsen, wachsen, hoch hinaus,
möge steigen, praller werden,
füllen sich zum Rand hinauf.

Wer braucht Glück und Zeit für Freunde,
wenn er Geld und Arbeit hat?
Lob und Zuschuss dem alleine,
der beim Fortschritt mit anpackt.

Nullwachstum ist Stagnation!
Niemand tritt gern auf der Stelle!
All-inclusive! Vollpension!
Alles jetzt und auf die Schnelle!

Endlich kann man expandieren!
Neue Märkte, neues Glück!
Jeder Mensch will doch ein Auto!
Jeder Mensch will doch ein Stück

vom Kuchenblech der schönen Dinge!
Doch wer den Blick vom Zucker nimmt,
der wird erkennen, dass das Märchen
vom unendlich großen Kuchen –
auch unmöglich stimmt.

Und zwischen diesen Baugiganten,
Zöglingen der Wirtschaftsnorm,
wohnt im Schrebergarten Gertrud,
die einfachste Gesellschaftsform.

Ihre Nachbarn wachsen alle,
bauen an und bauen um,
und auf kleinster Anbaufläche
drängt sich Blumenpublikum.

»*Work it harder, make it better*«
ist die Lieblingsmelodie.
Alles ist perfekt und strebsam:
Schrebergartenharmonie.

Im Hintergrund, im Sandelkasten
spielen Großindustrielle,
bauen Sandburgstadtsysteme.
Irgendwo schwirrt 'ne Libelle.

Der Lattenzaun ist reiner Luxus.
Das Tor besteht aus Sicherheit.
Die Gartenzwerge sind aus Ängsten.
Der Kies aus Unzufriedenheit.

»Konsum« steht fett an der Klingel.
»Mehr ist mehr, und mein ist mein«,
pfeift der fette Spatz vom Dach
und mischt sich in den Jubel ein.

Und von allen Seiten schallt es,
ungeprüft und unbestellt:
»Wachstum, Wachstum über alles,
über alles in der Welt.«

»Danach lasst uns alle streben«,
raunt der Nachbar Gertrud zu.
Es ist Zeit zum Flaggezeigen,
Zeit für Wohlstandsbürgertum.

Jeder Tag ist ein Geschenk,
füll ihn, nutz ihn bis zum Rand,
sagt er, zieht 'ne Dose Farbe und
sprüht »Carpe Diem« an die Wand.

»Vergleichen ist das Gift der Seele«,
sagt ein Ding in Gertruds Kopf:
»Wer viel hat, kann nichts mehr sein.
Des Pflänzchens Grenze ist der Topf.

In der Welt von Heidi Klum,
wo nur der ein Recht zum Sein hat,
der sein Bild zum Gott erklärt,
bleibt stets die Raupe nimmersatt.

Nicht jeder wird zum Schmetterling.
Wer Unglück sucht, greift nach den Sternen.
Wir müssen nicht mehr weiterwachsen,
sondern fertig werden lernen.

Gartenzwerge sollen Zwerge
und keine Gartenriesen sein.
Wachstum ist ein schönes Märchen,
jedoch nie ein Freifahrtschein!

Wir leben blind in Widersprüchen,
ohne uns zu interessieren.
Wenn wir was problemlos können,
dann Probleme ignorieren.

Wir wissen längst, was richtig ist,
doch Handeln steht auf andren Seiten,
als wäre Wissen ausreichend,
erst Taten schaffen Wirklichkeiten.

Wir fahren drei Elektroautos.
Jedes fünfsitzig bestückt,
aber haben nur zwei Kinder,
weil der Geldbeutel so drückt.

Wir haben alle Flachbildschirme,
nicht nur einen, sondern drei,
aber Augen, um zu sehen,
haben wir leider nur zwei.

Unser Kühlschrank quillt schon über.
Alles Bio-Fairtrade-Essen,
das wir müllsackweise wegleer'n,
weil wir mehr kaufen, als wir müssen.

Wir kaufen Möbel von IKEA,
nur um sie später wegzuwerfen.
Wir kaufen H&M-Klamotten,
nur um sie dann wegzuwerfen.

Wir kaufen, kaufen immer weiter,
nur um alles wegzuwerfen.
Müll erzeugen ist bequemer,
als das Zeug zu reparieren.

Jeder will doch alles haben,
jeder will den Hauptgewinn.
Teilen? Nur im Sonderfall
(mal abgeseh'n von Facebook-Links).

Jedes Haus 'nen Rasenmäher.
Jeder Ort ein Hallenbad.
Möglichkeit ist unser Hitler
und Konsum das Stalingrad.«

Gertrud schwant: »So geht's nicht weiter.
Alle werden wir nie satt.
Einer wird am Ende weinen:
der, der nichts zu essen hat.

Im Grunde müsst' man widerstehen,
denn Widerstand ist Recht *und* Pflicht,
doch der Preis wär' Luxus los sein«,
und Gertrud schämt sich tief in sich.

... und fasst daraufhin, einfach weil es sich richtig angefühlt
hat, den folgenden Beschluss:

»Nimm den ganzen Schnee von gestern,
machen wir 'ne Schneeballschlacht.
Zukunft ist, was einmal sein wird.
Präsens, was man daraus macht.

Lass uns Politik betreiben,
die etwas verändern will
und die nicht, wie zu diesem Zeitpunkt,
nur den Geldadel abstillt.

Soll die Klum ihr Bild behalten,
ich bleib klein und wachs nicht weiter.
Zufriedenheit sei meine Tugend!
Bescheidenheit mein Wegbegleiter!«

Doch schon greifen gierig Klauen
durch die eingedrückten Zäune.
Nehmen, was sich nehmen lässt:
Lebensraum und Lebensträume.

Bald schon bröckelt Gertruds Garten,
denn die andern brauchen Platz
und Ressourcen, um zu wachsen.
JEDER HAT EIN RECHT AUF DAS!

Gertrud überlegt nur kurz,
ob es sich zu kämpfen lohnt
oder ob das gute Leben
zukunfts auf der Straße wohnt.

Und schwupps! Noch schneller, als sie dachte,
steht sie da und hat nichts mehr,
der Müll wird ihre Speisekarte,
der Pappkarton ihr Nachtquartier.

Keiner sagt, dass »richtig« leicht ist,
und »gut« ist nicht gleich »angenehm«.
Widerstand kommt nicht von kriechen.
Widerstand heißt aufrecht steh'n.

Mit letzter Kraft und letztem Mut
nimmt Gertrud einen Stift zur Hand
und schreibt zum »Carpe Diem«-Spruchband
ihr Lebwohl an weiße Wand:

»Jedes Kaufland verdient einen Aufstand!«

Von der fleisch- fressenden Pflanze Ilse, die Veganerin werden wollte

Hinter Tresen, hinter Türen,
dort, wo nie ein Kunde steht,
hinter Metzgereivitrinen,
tief im Herz des Schlachtbetriebs,

dort, wo Hühner, Kühe, Schweine,
alles, was der Mensch so frisst,
brav auf die Verwurstung wartet –
wie das hier so üblich ist;

dort, wo Kacheln Wände zieren,
warten auf den letzten Gang,
tief gebeugt auf allen vieren:
Schnitzel! Steak! Geflügel! Lamm!

Im Gestöhn der Knochenfräse,
die letztlich Leib und Seele trennt,
hängen dort am Fließband Ferkel,
wie man Ballons an Bäume hängt.

Dort, wo Blut in Bächlein plätschert,
man sich am Idyll erfreut,
während Schafe schafsdumm quieken
und irgendwo ein Fleischwolf heult;

da steht eine, deren Namen
nichts als Fleisch fressen befiehlt,
eine, deren größter Wunsch nur
auf das Fleischfrei-Essen zielt.

Dort steht Ilse nah am Fenster,
schaut sich das Specktakel an.
Steht dort auf der Fensterbank,
weil es der Metzger lustig fand:

»Das ist doch lustig, oder?
Eine Pflanze, die Fleisch isst.
Das ist doch lustig, oder?
Das ist doch wie ...
›Wer beim Metzger klingelt, muss sich nicht wundern,
dass kein Schwein aufmacht.‹
HA! HA! HA! Das ist doch lustig!«

Doch Ilse, die vom Sterben müde
und vom Fleisch gesättigt ist,
die beim Metzger Mitgefühle,
beim Wurstsalat Salat vermisst,

will nicht mehr und hat beschlossen,
dass das Töten enden muss:
»Höre, Bolzenschussgerät,
dieses sei dein letzter Schuss!

Alle Tiere, alle Wesen,
alles, was noch muht und quiekt,
möge frei auf Wiesen spielen,
wo das Glück der Zukunft liegt.«

Aber
jeden Abend stopft der Metzger
alles, was vom Schlachtfest bleibt,
alle Reste, alle Fetzen,
in den kleinen Pflanzenleib.

Und wenn Ilse einmal trotzig
ihrem Menschen widerspricht,
dann hält dieser Überzeugen
für die höchste Metzgerspflicht.

Und mit großem Atem zieht er
sieben Gründe aus der Schürze,
die den Mensch vorm Blute schützt
(nur für den Fall, dass es spritzt),
und erklärt in aller Kürze:

»Also erstens, liebe Ilse,
bist du klar vom Namensgeber,
und der weiß schon, was er macht,
neben deinem Merkmal ›Pflanze‹
noch mit ›fleischfressend‹ bedacht.

Zweitens, Ilse,
wie seit jeher in der Bibel
nachgelesen werden kann:
Tiere sind zum Essen da,
dem Menschen völlig untertan.

Drittens, Ilse, würden Tiere,
ständen sie am Schlachtgerät,
wirklich anders handeln, als wenn
einer von uns daran steht?

Viertens, Ilse, schau doch einmal,
deine Kiefer sind bezahnt.
Und die Zähne müssen beißen,
nur für Gras sind die zu hart.

Fünftens, Ilse, denk an alle
Schätze, die das Fleisch enthält:
Eisen, Vitamine, Eiweiß,
was jedem Veganer fehlt.

Sechstens, Ilse, lass dir sagen,
schon die Ahnen aßen Mammut.
Und was einmal richtig war,
das ist doch wohl auch heut noch gut.

Und zum Siebten nun bedenke,
was ein weiser Mann gesagt:
›Der Geschmack von Spinat kann wesentlich verbessert
werden, wenn er kurz vor dem Verzehr
durch ein Schnitzel ersetzt wird.‹ HA! HA! HA!

Ilse lacht nicht, kann nicht lachen,
hat das Lachen lang verlernt.
Wer so viele Schreie hört,
für den klingt Lachen fremd und fern.

Und trotz der Flut an Argumenten
weigert sich das Pflanzenherz.
Man macht kein' Reibach mit dem Leid
und keine Scherze über Schmerz.

Für das Futter, das vor Stunden
noch ein Mitgeschöpf gewesen,
streckt sie stängelwärts dem Schlächter
ihre ganze Wut entgegen.

Dieser aber hebt die Hände
und spricht schicksalshaft gewählt:
»Wer kein Fleisch isst, der soll hungern
und mal sehen, was ihm dann fehlt.«

Und auf Stunden folgen Tage,
und die Tage zieh'n ins Land.
Und der Hunger nagt an Ilse
und der Zweifel am Verstand.

Vielleicht hat ja der Metzger recht,
vielleicht bestimmt das Naturell
unser Schicksal, unser Leben:
Der Wolf schläft tief im Pflanzenfell.

NEIN!
Niemals, denkt Ilse und bleibt eisern,
doch spürt, wie alles dünner wird,
wie sich zart ein schwacher Schleier
zwischen Schlaf und Wachsein zieht.

Wer nachdenkt, der lebt in Gefahr.
Wer Kräfte hat, muss Lasten heben.
Wer wegsieht und wer ignoriert,
der lebt ein leichtes Leben.

McDonald's macht jetzt Bioburger.
Die Schnittwurst ziert ein Grinsgesicht.
Und alle lachen: Ist doch lustig!
Nur die Wurst, die lacht, lacht nicht.

Wie weit muss denn ein Pflänzchen gehen?
Wo hör ich auf? Wo fang ich an,
wenn alle stumpf beim Metzger stehen?
Ein jeder geht, so weit er kann.

Hinter Türen, hinter Tresen,
dort, wo nie ein Kunde steht,
dort geht eine, die zwar hungrig,
aber die zumindest geht ...

[Happy End für Schwächlinge:]

Und allen, die um Ilse trauern
und sich fragen: »Muss das sein?«,
sei gesagt, die Ilse lebt noch,
solange tags die Sonne scheint.

Denn im Gegensatz zum Menschen,
dem Meisterwerk an Mitgefühl,
kann Ilse sich von Licht ernähren:
ein Happy End dank Chlorophyll.

Von der Sonne Sonja, die an Burn-out litt

Mit dem Licht der ersten Stunden,
im Wechselspiel von Tag und Nacht,
dreht Sonja fleißig ihre Runden.
Noch bevor die Welt erwacht,

streichelt sie mit Sonnenstrahlen
Stummelwidderkinder wach,
spiegelt kurz in Tautropfschaukeln,
die in Spinnennetzen baumeln. Ach,

alles rekelt, alles streckt sich,
wenn sie »Guten Morgen« tönt,
Bären gähnen, Hähne krähen,
wenn ihr Licht den Wald bekrönt.

So wie es seit alten Zeiten,
seit Beginn der Galaxie,
fester Brauch und Tradition ist.
So was ändert sich auch nie.

Manches, was ein großer Schöpfer
aus dem Nichts der Welt erzeugte,
ziert den Masterplan noch heute,
so wie Sonja, die voll Freude

und berauscht von Euphorie
stolz vom vorigen Verdienst war
und durch göttliche Regie
ein autogrammgebender Star.

Sonnenklar, dass sie voll Glück ist,
weil sich alles um sie dreht.
Schließlich wird die Welt arschdunkel,
wenn sie nicht am Himmel steht.

Sie sah jede Form des Lebens:
Algen, Frösche, Ohrenquallen.
Sie sah Reiche sich erheben
und hernach zu Staub zerfallen.

Sie sah Griechen und Germanen,
Sonnenkönige und mehr,
hatte viele fremde Namen –
doch das ist alles lange her.

Seither hat sich viel verändert:
Keiner schert sich mehr um sie,
dennoch muss sie weiterschuften
für die Sonnenindustrie.

Und zwar seit fünf Milliarden Jahren:
24-Stunden-Schicht,
ohne Sondernachtzulage,
ausnahmslose Pflicht zum Licht!

Einfach vor sich hin erstrahlen.
Immer! Immer freundlich sein!
Im Service ist der Kunde König!
Ackern für den Sonnenschein!

Durch eine Wolkenwand von Sorgen
quält sie sich zur Arbeit hin.
Das Lächeln ist längst leer geworden.
Dem Kopf fehlt es an Dopamin.

Immer weiter zieht die Weite
der Impulse ihrer Kreise
sich zusammen,
bis sie dann
kollabiert.
Und auf diese Weise
ins Zentrum allen Kreisens sinkt,
wo Einsamkeit das Glück bedroht
und mit dem Frust Tequila trinkt,
der über allem Leben thront.

Nichts mit Stummelwidder wecken.
Keiner will mehr Autogramme.
Nichts mit Nasenhaare necken.
Nur Ottonormalprogramme.

Immer, immer: Scheine! Scheine!
Keiner schreibt mehr Poesie.
Es ist nur das Ewiggleiche:
Erdbeleuchtung auf Repeat.

Monotone Rotationen,
Radius gen Null verschoben,
Urlaub nehmen? Ist verboten!
Existenz funktionsbezogen.

Doch trotz aller Frustrationen,
bleibt sie pflichtgemäß im Job,
obwohl für sie weniger brennen
als für *Bibis Beauty Blog*.

Doch alle Pflicht findet ein Ende,
als ein grausamer Komet,
der auf »Hi« und »Ciao« vorbeirauscht,
ihr brühwarm vom All erzählt

und dass dort draußen tausend Sonnen
strahlen. Jede mindestens so hell!
Sonja sei von vielen *eine*
in Gottes Galaxiemodell.

Stille.
Sonja fasst es nicht:
Sie soll nicht die Eine sein,
von der man in Gedichten spricht?

Doch der Komet zieht ungeniert
auf seiner Umlaufbahn dahin,
und es kommt dem Hallodri nicht
einmal im Ansatz in den Sinn,

dass er so alles torpediert,
was Sonjas Welt zusammenhält:
dass ihr Schinden sinnvoll ist
und dass ihr Werk dem Herrn gefällt.

Und so verliert sich ihr Vertrauen,
und des Zweifels dumpfe Säge
nagt und frisst an Sonjas Glauben,
der zerbricht. Und Schicksalsschläge

prasseln ohne Unterlass
auf das schon tief versunk'ne Haupt.
So wird das ganze Lebenswerk
dem eigentlichen Sinn beraubt.

Sonja,
die einst in vollem Glanz erstrahlte,
ist im Herzen ausgebrannt.
»Outgeburnt«, wie man heut sagt.
Schwer ist der Kopf und leer der Tank.

Sie wünscht sich, dass die Nacht anbricht
und diese dann für ewig bleibt.
Ein wenig Ruhe will sie haben,
doch zum Chillen fehlt die Zeit.

Mach mal früher Feierabend,
rät die Notfalltherapie.
Vielleicht mal sonntags sonnenbaden
und am Mittwoch zum Tai-Chi.

Aber wer bezahlt das WLAN
und das neue Telefon?
Wie begleicht man Rechnungen
ganz ohne festen Monatslohn?

Vielleicht besteht die Möglichkeit
für Sondersonnenstundenpläne?
Wie wären Kur und Umschulung?
Zumindest Kurzarbeitsverträge?

»Puuuuuuh«, stöhnt da der Schöpfer auf.
»Aktuell ist nichts zu machen.
Menschen mögen es gern hell,
drum muss halt eine Sonne lachen.«

»Aber kann nicht eine andre ...?«
»Puuuuuuh«, stöhnt da der Schöpfer auf.
»Aktuell ist nichts zu machen.
Sie wissen ja, der Jahreslauf

und all die Sommersonnenstunden,
die solaren Kollektoren,
die Bikinisonnenjunkies,
die gern in der Sonne schmoren.

Da hat man ja Verantwortung,
die man als Sonne gar nicht sieht.
Wie wär's, Sie denken einmal nicht
an sich, dafür an den Betrieb?

Diese Firma baut auf Teamplay,
Produktivität und Pflicht.
Alle für das große Ganze!
Und was zählt, steht unterm Strich.«

»Nicht mal ein, zwei Urlaubstage
gönnt ihr mir in einem Jahr!«
»Es gibt hier keine Sonderwünsche!«,
stellt der Boss entschlossen klar.

»Dann bleib ich morgen einfach liegen.
Soll die Welt ins Dunkel fall'n
und Finsternis im Himmelszelt
in aller Schwärze widerhall'n.«

Doch »Pause machen ist nicht«,
sagt der Chef, der große Boss,
der das alles einst gemacht hat:
»Zu strahlen ist nun mal dein Los.

So hat denn jedes Ding sein Werk,
das ich ihm dereinst zugedacht,
und wer das Kleingedruckte liest, merkt:
Das ist vertraglich festgemacht.«

Wer ab jetzt also nicht mehr strahle,
verliere seine Anwartschaft
auf Arbeitslosengeld und Rente.
»Weil nichts mehr kriegt, wer nichts mehr schafft.«

Letztes Wort, und ein Gedanke
schließt ein langes Sonnenleben:
Ein Geschöpf verbrennt sich selbst,
um anderen sein Licht zu geben.

Immer weiter zieht die Weite
der Impulse ihrer Kreise
sich zusammen,
bis sie dann
implodiert.

Und Dunkelheit umfängt die Welt.
Alles steht und starrt gebannt
zum finst'ren Himmelsrand und hält
für einen Wimpernschlag den Atem an.

Und dann ... setzt Trommelwirbel ein,
gefolgt von einem lauten Knall!
Ein Blitz! TADA! A star is born!
Ein neues Licht erhellt das All.

Im Sinne der Betriebsmoral
wird ein Exempel statuiert.
Einmal zu Obi, und der Chef
hat etwas Neues installiert:

Ein schickes LED-Panel, das
nichts mehr sagt und nichts mehr fühlt,
das allen faulen Sonnen zeigt,
was allen faulen Sonnen blüht,

das volle Leistung bringt, das ohne
Widerstand[3] zum Dienst erscheint
und auf die Work-Life-Balance scheißt.
Zusatzbelastbarkeit vereint

mit Flexibilität (das heißt
konkreter: Dimmbarkeit) schätzt man.
Der Mond wird kurzum auch entlassen,
denn sparen soll, wer sparen kann!

Und die Bilanz von der Ballade:

Hoch lebe ein System, für das
Geschöpfe nur Ressourcen sind.
Wer nicht mehr kann, der wird ersetzt.
Wer Menschlichkeit verliert, gewinnt.

---

3 Achtung! Physikwitz.

Von der Schnapsdrossel Olga und dem Schluckspecht Siggi

Untertitel: Ich bin ein Star, holt mich hier raus!

Es war schon dunkel, als Olga durch die Vorstadtäste flog ...[4]

Direkt hinter dem Bahnhofsklo,
am Rande einer großen Stadt,
steht ein Baum, der seit zig Jahren
kein Laubkleid mehr getragen hat.

Morscher Wipfel, karge Krone,
Borke bleich, vom Abgas grau,
das Wurzelwerk stinkt nach Pipi:
ein Säufertraum im Blätterbau.

Es ist ein gottverlass'nes Viertel.
»Problembezirk« ist Euphemie.
Rülpskonzert ertönt am Abend
statt Gezwitschersymphonie.

Niemand, der hier Nester baut.
Keiner, der hier trällern will,
wo kein Bahnhofskneipengänger
seinen Durst freiwillig stillt.

---

4 Die schlagergeschulte Leserschaft ergänzt hier in Gedanken: »Lalalalala.«

Wo nie ein Vogel Hochzeit feiert,
weil alle längst geschieden sind,
dort liegt die gottvergess'ne Kneipe,
wo man um zehn schon Weißbier trinkt.

Es lädt im hohlen Buchenstamm
zu Alkohol und Unmoral,
zu volleknüllemegastramm:
Olgas Lieblingsstammlokal.

Der Rauch von tausend Zigaretten
hängt wie Nebel tief im Raum.
»Störfall«-Schild an den Toiletten.
Wo jeder, wenn schon keinen Traum,
doch wenigstens Gesellschaft hat.
Im Schoß der Ausgestoßenen
schießt sich so mancher Vogel ab.

Bordsteinschwalbe am Geländer.
Zapfhahn füllt den nächsten Krug.
Rotweinchen am Mondscheinfenster.
Tequila-Würmer gibt's genug.

Am Stamm-Tisch tagt der Dorfvorstand,
der stets das »Übliche« bestellt.
Das Fazit ihrer Politik:
Sieben Obstler, heile Welt.

Wo andernorts schon Säufernasen
nach dem letzten Strohhalm greifen,
hält man hier die Fahne hoch:
»Schatz, ich bleibe noch ein Weilchen.«

Und so lang man denken kann,
seit Jahr und Tag und Tag und Jahr,
gehört die Thekenolga längst
zum alten Kneipeninventar.

Sie kennt dort jeden Zoll des Tresens,
jedes kleine Stückchen Bar,
den Ausschank vor dem Schnapsregal,
wo unlängst ihr Zuhause war.

Ihr scheint es fast, als wär' es gestern.
Das Nest, aus dem sie einst entschlüpfte
und zusammen mit drei Schwestern
aus dem Ei-erlikör hüpfte.

Seither hat die Thekendame
manchen Rotwein dekantiert
und so manches Trinkgelage
feucht und fröhlich absolviert.

Im echten Leben arbeitslos,
doch hier zollt man ihr viel Respekt.
Wer hierher kommt, der weiß sofort,
was in der Thekenolga steckt:

Fünfzehn Korn in fünf Minuten.
Zweimal Gold beim Kurze-Kippen.
Und sie hält den Barrekord
im Kronkorken-in-Gläser-Schnippen.

Ansonsten ist ihr Leben einfach:
Bei Griechenland denkt sie an Wein.
Bei Shakespeare an das Gerstengold.
Bei Jägermeister an Daheim.

Doch im Kartenhaus aus Bierdeckeln
wohnt ein Wunsch in jedem Raum:
einmal mehr sein als die Gischt
auf den Wogen vom Bierschaum.

Ein unbedachter Gast, der stolpert,
und schon bricht ihr Häuschen ein:
Na, dann bleib ich eben einsam,
unbedeutend und allein.

Doch am Tisch quer gegenüber
sitzt der Schluckspecht Sigismund,
bei seinen Freunden heißt er Siggi
und gilt als weit gereist, aufgrund

einiger »Auslandsaufenthalte«:
Einst Zuuuuuugvogel auf Mallorca,
dann Ausbildung als Vagabund.
Und jetzt, jetzt ist er wieder da.

Man nennt ihn hier den Woizenking.
Dreißig Weißbier schafft er leicht.
Niemand zwischen hier und Peking,
der ihm noch das Wasser reicht.

Sein Blick fällt auf die Schnapsdrossel,
und irgendwo spielt wer Klavier.
Das Herz flüstert dem Schluckspecht zu:
»Auf geht's, Junge, Schnaps – sie dir!«

Denn nach drei Wodka Bull
heißen alle Olgas »Belle«,
und nach viereinhalb Promille
wird's am Morgen nicht mehr hell.

Er flattert also zu ihr rüber:
»Schönes Fräulein, ich wollt' fragen,
ob wir zusammen weiterzwitschern,
um das Elend zu ertragen.«

Und schon nach drei Gläsern Gin
geht ihr Flügelschlag im Takt,
wie schon Alligatoah sagte:
Es liegt ein Schatz in manchem Wrack.

Wer nicht kotzt, säuft nicht am Limit!
Ex! Sonst wird das Zeug noch schlecht!
Diese Mottos teilt ein jeder,
der mit einem Schluckspecht zecht.

Lass uns nicht an morgen denken,
selbst der Kater schreckt uns nicht.
Lieber einen Scheit im Ofen
und 'nen Ziegel im Gesicht.

Komasaufen ist für Küken.
Beide picheln bis zum Schluss.
In Las Vegas Schnellheirat.
Bacchus heißt der Filius.

Doch keine halbe Woche später
kommt vom Arzt die Diagnose:
»Tut mir leid für Sie. Sie beide:
chronische Leberzirrhose.«

Das heißt nun Alkohol in Maßen,
langsam schleichender Entzug.
Zittern greift nach Vogelflügeln.
Aufenthalt im Institut.

Doch schlimmer als die Krampfanfälle
ist ihr Blick auf eine Welt,
die sich langsam schlückchenweise
aus dem Branntweinnebel schält.

Vögel, die auf Vögel schießen,
nur weil diese anders sind.
Schon drei Ländergrenzen weiter
hungert manches Vogelkind.

Wenige, die alles haben.
Jeder denkt nur an Profit.
Zwischen Rohrspatzschimpftiraden
falsche Friedenspolitik.

Ungerechtigkeit und Feigheit,
Fanatismus, Religion.
Egoismus überall – trotz
Selbstzweifel und Hungerlohn.

Alles wollten sie vergessen,
doch jetzt kehrt die Welt zurück.
Angstzustände, Wahnvorstellung
statt einer Flasche Pennerglück.

Wie soll man nur die Welt ertragen?
Leid und Elend ringsherum.
Ihre Hoffnung liegt zerschlagen
am Grunde einer Flasche Rum.

Und das erste Mal im Leben
schwindet ihre Illusion,
dass sich Dasein ohne Schnaps
und ohne Suff vielleicht doch lohnt.

Ihre Köpfe werden still.
Ihre Augen leer und nass.
Und auf ihr Glück, das nur kurz währte,
erheben sie das letzte Glas.

[Happy End für Schwächlinge:]

Zum Glück geht's uns nicht wie den beiden.
Wirt! Bring uns Bier und Schnaps und Wein.
Lass uns doch, statt die Welt zu ändern,
einfach betrunken glücklich sein.

Vom skandinavischen Stummelwidder Sören, der entgegen allen Erwartungen das Glück fand

Wenn man sich in diesen Zeiten
diese Welt genau beschaut
und wenn man sich in diesen Zeiten
einen Urteilsspruch zutraut,

und zöge man die Konsequenzen,
was natürlich keiner tut,
aber täte man es dennoch,
man verlöre seinen Mut.

Denn dann käm' man nicht umhin
zu merken, dass auf diese Weise
nur ein Schluss plausibel ist:
Diagnose: Alles Scheiße!

Zu unserm Glück wird es im Leben
aber immer Wesen geben,
die von der Natur erkoren
und zum Widderstand geboren

sind: zum Beispiel Stummelwidder
sowie Stummelwidderinnen,
die in Skandinavien
den Kampf täglich erneut erzwingen.

Denn es gilt noch der Adorno,
dass in einem falschen Leben
nie ein richtiges besteht.
Dieser Ausspruch tangiert jeden,

der zu faul ist, hinzusehen
oder was zu unternehmen.
Handlungsschwäche bleibt ein Luxus,
den ein andrer zahlen muss.

Doch zurück zu jenen Helden,
die sich auf dem Erdenrund
schon früher den Gefahren stellten,
die es immer werden. Und

genau zu diesen zählt auch Sören,
der hier titelgebend war
und die Zierde seiner Art ist –
ein Paradeexemplar.

Sein erstes Wort ist »Widderstand«.
Gerechtigkeit seine Mission.
Wer so kurze Beine hat,
für den ist Flucht keine Option.

Schon im Kindergarten hat er
sich für Schwache engagiert.
Keinen Rückzug. No surrender.
Es wird nicht kapituliert.

Kein Vorrecht für die *Igelgruppe*!
Mitsprache beim Spielplatzbau.
Rosenkohl! Kantinenschrecken!
Und die *Wieselgruppe* schreit: »Genau!«

Erste Woche in der Schule,
und die Schulleitung erzittert.
Sören stellt die Hörner auf,
sobald er Not und Übel widdert.

Kein Vorrecht für die Oberstufe!
Mitsprache beim Sportplatzbau.
Rosenkohl! Kantinenschrecken!
Und ein Schüler schreit: »Genau!«

Klassensprecher, Schülersprecher.
Nebenher noch Abitur.
Weiter, weiter. Studium.
Von Altersmilde keine Spur.

Und während seine Mitsemester
alle BWL studieren,
besucht der Stummelwidder Sören
einen Kurs im »Dekuvrieren«.

Er lernt »Ganz ungeniert die Wahrheit sagen«.
Mit Nebenfächern »Offenlegen«,
»Den Pöbelspruch mit Klarheit schlagen«
und »An der Medienmeinung sägen«.

Im Master dann noch »Truth detection«,
Kompetenz »Missstände sehen«
und Schlüsselqualifikation
in »Mit dem Kopf durch Wände gehen«.

Dazu noch ein Auslandssemester
im Erasmus-Plus-Programm.
Das Ziel fällt zufällig durch Los
auf unser deutsches Vaterland.

Von Deutschland hat man hoch im Norden
schon so einiges vernommen, drum
wetzt er schon einmal die Hörner
und freut sich auf das Praktikum.

Doch als er aus dem Flugzeug tritt,
erstarrt der Stummelwidderblick:

Keine Hassparolen, niemand, der
ihn als Ausländer beschimpft.
Niemand, der ihn anspuckt und
ihn zurück nach Schweden wünscht.

Gleiches Spiel auch in den Straßen,
keine Fremdenfeindlichkeit.
Es herrscht auf deutschen Kopfsteinpflastern:
Jubel, Trubel, Heiterkeit.

Anders sein bedeutet Reichtum.
Gier und Geiz sind nicht mehr geil.
Bunt des Deutschen neues Gold.
Frieden herrscht im trauten Heim.

Sören traut kaum seinen Augen,
denn vom Harz bis Bielefeld
über Rheinlands sanfte Auen
nichts, was seinem Blick missfällt.

Selbst in Berlins Plattenbauten
keine Spur von Angriffslust.
Keiner wird grundlos verhauen,
nirgendwo regiert der Frust.

Von Dresden und dem Erzgebirge
bis ins badische Konstanz
predigen die Bildungsfernsten
Offenheit und Toleranz.

Mehr als das noch schockt den Widder:
der gerechte Arbeitslohn,
Schule, die auf Bildung achtet,
keine Bankenkorruption.

Keine Bohrmaschinennachbarn.
Nirgends Unfallvoyeurismus.
Familien mit Zeit für Kinder
und geklatscht wird auf den Rhythmus.

Jeder trennt hier seinen Müll.
Keiner kärchert früh um sieben.
Er sieht Eltern ihre Kinder
nicht bloß wegen Leistung lieben.

Gar kein Rechtsruck der Parteien?
Darauf hat er sich gefreut.
Relevante BILD-Schlagzeilen.
Wem es schlecht geht, wird betreut.

Keine Träume, die zerbrechen.
Alle Wünsche werden wahr.
Alles ist in bester Ordnung.
Ponyhof Juheirassa!

Sören ringt mit seiner Fassung.
Nutzlos, wer nichts kritisiert.
Das Glück himself steht in den Gassen,
dreht sich einmal amüsiert,

wer es sucht, kann es hier finden,
nimmt den Widder bei der Hand,
streichelt friedlich seine Hörner
und erklärt ihm: »Dieses Land

ist so glücklich, weil die Menschen
sich *dafür* entschieden haben
und sich nicht mit einem falschen
Ideal zufrieden gaben.

Glück kommt, wenn wir richtig handeln,
wusste Aristoteles.
Glück ist reine Ansichtssache.
Glücklichwerden ein Prozess.

Sicher klappt das nicht sofort
und sicher nicht in jedem Land.
Sicher, wenn es anders wäre,
bräuchte man den Widerstand.

Manchmal kommt es aber anders,
als man selber grade denkt.
Einmal darf das Glück gewinnen.
Klappe zu und Happy End.«

Audiolinks

 *Erna*
http://satyr-verlag.de/audio/ballade1.mp3

 *Skrollan*
http://satyr-verlag.de/audio/ballade2.mp3

 *Kassandra*
http://satyr-verlag.de/audio/ballade3.mp3

 *Ilse*
http://satyr-verlag.de/audio/ballade4.mp3

 *Sonja*
http://satyr-verlag.de/audio/ballade5.mp3

 *Olga und Siggi*
http://satyr-verlag.de/audio/ballade6.mp3